写给孩子的思辨课

[日]伴度 著
[日]佐藤岳诗 审校
张萍 译

民主与建设出版社
·北京·

©民主与建设出版社，2023

图书在版编目（CIP）数据

写给孩子的思辨课 / （日）伴度著；张萍译. -- 北
京：民主与建设出版社，2023.8
ISBN 978-7-5139-4312-3

Ⅰ.①写… Ⅱ.①伴… ②张… Ⅲ.①道德规范－研
究 Ⅳ.① B82

中国国家版本馆 CIP 数据核字（2023）第 146586 号

北京市版权局局著作权合同登记号：图字 01-2023-4443

こども倫理学　善悪について自分で考えられるようになる本
Copyright©2022 bound inc.
The simplified Chinese translation is published by arrangement with KANZEN CORP.
through Rightol Media in Chengdu.

本书中文简体版权经由锐拓传媒小锐取得 (copyright@rightol.com)。

写给孩子的思辨课
XIE GEI HAIZI DE SIBIANKE

著　者	[日]伴度	
译　者	张　萍	
责任编辑	郭丽芳　周　艺	
封面设计	丫丫书装·张亚群	
出版发行	民主与建设出版社有限责任公司	
电　话	（010）59417747　59419778	
社　址	北京市海淀区西三环中路 10 号望海楼 E 座 7 层	
邮　编	100142	
印　刷	唐山富达印务有限公司	
版　次	2023 年 8 月第 1 版	
印　次	2023 年 11 月第 1 次印刷	
开　本	880 毫米 ×1230 毫米　　1/32	
印　张	4	
字　数	71 千字	
书　号	ISBN 978-7-5139-4312-3	
定　价	50.00 元	

注：如有印、装质量问题，请与出版社联系。

对生活的思辨会引导我们走向美好的人生

古希腊的哲学家曾经这样问人们："你想度过一个怎样的人生，普通的还是美好的？"就类似于问"你想吃一顿怎样的晚饭，普通的还是豪华的？"一样，估计每个人都会回答："那还是选择度过一个美好的人生吧。"但当我们真正做选择的时候，却往往会选择那个看起来并不太好的选项。

例如，明明知道为了明天的考试现在应该好好学习，却总是不自觉地玩了起来。我自己也曾有类似的情况，明明有待办的工作，却偷懒去干别的。如果这样做遭受损失的只是未来的自己还好说，但如果你的行为会影响到别人，该怎么办呢？因为自己工作偷懒，给团队其他人添很多麻烦，导致大家的努力全都白费，这样的话，你所做的选择根本谈不上是好选择，更像是一个非常差劲的选择。

为什么会这样呢？古希腊哲学家认为，是因为我们根本不知道何为"真正的善"。如果我们知道何为真正的善，就会主动去学习、去工作。那么，"真正的善"到底是什么？我们连什么是"豪华的晚饭"都搞不清楚，营养丰富但是味道一般的晚饭和营养不均衡但是味道好极了的晚饭，哪个是豪华的晚饭？让我们回到选择的问题上来，即使伤害朋友也要说出真相和撒谎来安慰朋友，哪一个才是真正的善呢？这也是很难回答的问题。

在这本书中，我们思辨何为真正的善，善的标准又是什么，等等。你们身边应该也有各种各样的美德标准，比如"不能撒谎"等。

这些美德都是在历史的长河中经过很多人很多次的探讨，最终认为它们是"善"。很多道德标准的存在有其正当的理由，但并不能说所有标准都是永恒不变的，有很多标准互相之间也存在着矛盾。而且，现代社会有很多以前的人想象不到的事物，比如说过去没有互联网，也就没有关于网络行为的道德标准。

这个时候，如果我们不能自主地思考，不能主动去找寻"为什么会这样"的答案，那我们就很容易去相信那些身体强壮的人、受欢迎的人、说话简单有趣的人或与自己持相同意见的人。但这和考试前的偷懒玩耍是一样的，也许并不能给我们带来真正美好的人生。

这本书帮助我们去主动思辨这些困难的问题，帮助我们进步，哪怕只是进步一点点。每天一点一滴地不断积累，最终会引导我们走向不同的人生。所以，大家在读本书的时候，要不断地问自己"这些标准为什么会出现"，主动去思考"有没有更好的方案"。希望通过这本书，能引导大家过上一个美好的人生，而不仅仅是一个普通的人生。

日本专修大学文学部哲学系教授

佐藤岳诗

第 1 章

独立思考一下，如果是你，你会怎么做？

第2章

人们判断是非的观念标准

第3章

哲学领域的伟人是这么思辨的

第 **4** 章

网络社交时代的思考和明辨

第 **5** 章

地球很危险?! 让我们一起思考环境问题

第6章

试着思考一下自己的金钱观

第7章

关于我们的生活、将来要从事的工作的道德思辨

第 8 章

思考一下你身边的事

独立思考一下，

如果是你，

你会怎么做？

给你1亿日元，但条件是伤害某个人，你愿意吗？

想按，但不想成为受害者

　　你面前有个按钮，只要按下去就会得到1亿日元，但与之相对应的，地球上的某个人就会成为你上述行为的受害者，这个人会在全世界范围内随机选择。

　　地球上78亿多人口，被伤害的很可能是那些对你来说毫不相关、素未谋面的人。如果被选中的人远在欧洲或者非洲，因为离你太过遥远，你可能都不会察觉到，当然也不会因此感到悲伤。

　　让我们换个角度。这世界上的某个人按下按钮，就会得到一大笔钱，但与之相对应的，世界上另外一个人就会成为受害者。这个受害者有可能就是你，或者是你珍视的某个人。某个人想要这一大笔钱，你就有可能成为他这一行为的受害者。

　　如果一个人心里有按下按钮的想法，那他有资格对其他想按下按钮的人说"别这样做"吗？

你会怎么选择，按还是不按？

你选择按吗，还是选择不按？

如果有人打算按下按钮，你会阻止吗？

？想一想

- 自己为什么会做出上述决定，理由是什么呢？
- 同样的事情，不希望别人去做，但自己做就是可以的吗？

这种情况该怎么办？
著名的"矿车难题"

让我们一起思考一下至今未有定论的问题

右页中矿车失控，前方就是能改变矿车线路的拉杆岔口，如果矿车沿原线路走，那么在当前线路上工作的 5 个人就会被矿车撞到；如果拉动拉杆，则矿车的前进路线会改变，进入另一条线路，而另一条线路上只有 1 个人。如果可以拉动拉杆，你会怎样选择？

这就是著名的"矿车难题"，旨在探讨"为了救人而使其他人受伤的这种做法正确吗"。如果选择拉动拉杆，相较于 5 个人受伤，只有 1 个人受伤，受伤人数要少。这种做法是正确的吗？但如果不采取行动，就会有 5 个人受伤，该怎么做呢？

究竟要怎样选择？ 不仅要思考哪种做法是正确的，也得思考一下为什么会做出这样的选择。

让人不知该如何选择的"矿车难题"

选择拉动拉杆，还是放任不管？

选择帮助 5 个人，还是 1 个人？

? 想一想

- 跟家里人一起讨论一下"矿车难题"，探讨到底怎么做是正确的。
- 思考一下为什么会犹豫。

同样是帮助人，可以一概而论吗？

心中所想是否一样？

当遇见有人迷路时，小 A 心想"有人遇到困难了，帮助一下吧"，于是伸出援手。同样是遇见有人迷路，小 B 心想"如果我告诉老师我帮助了有困难的人，老师应该会表扬我吧"，于是小 B 和小 A 一样，伸出了援手。被两人帮助的迷路人，最终都安全地到达了目的地。

小 A 和小 B 同样都是伸出援手，但是他们的动机是不太一样的。小 A 是想要帮助遇到困难的人，而小 B 则是想要得到老师的表扬。

也许有人会想，只要伸出援手帮助了迷路的人，心中到底怎么想的根本无关紧要。还会有人认为，就算小 B 伸出援手是因为想得到老师表扬，但比起那些无动于衷的人，小 B 已经非常不错了。另一方面，也会有人觉得，因为想得到表扬才去帮助迷路的人，总感觉哪儿不太对。针对这个问题，人们有着各种各样的意见。

你怎么看待小 A 和小 B 动机的不同？

有时采取的行动是一样的，但内心动机却是不同的

你觉得小 A 和小 B 一样与人和善吗？还是觉得两个人有所不同？

? 想一想

- 同样是伸出援手的人，你对他们的评价会因为他们内心动机的不同而发生改变吗？
- 当你在帮助别人的时候，内心是怎么想的？

因为结果不同所以刑罚判定也不同，这公平吗？

同样的动机，因为结果不同所以刑罚判定也不同？！

很不幸，在日本，我们几乎每天都会在新闻里看到有关人身伤害事件的报道。

有杀害他人的主观意愿且导致被害者死亡的，被判定为"故意杀人罪"。但是同样地，有杀害他人的主观意愿，但被害者没有死亡，这种情况会被判定为"杀人未遂罪"。

根据日本刑法第 199 条，上述两种罪都会被处以"死刑、无期徒刑或者 5 年以上有期徒刑"，但实际上，两种情况下法院的判决会不太一样。故意杀人罪多处以 10 年以上有期徒刑，有时也会判决为无期徒刑或者死刑。但是杀人未遂罪多处以 3 ~ 7 年的有期徒刑。

可见，被害人死亡的情况下判决会更重。但是不管被害人有没有死亡，犯罪人员都有杀人的主观意愿且采取了行动。仅因为结果不同，对他们所犯的罪的判定就不同，你怎么看？

一样的行为，仅因为导致的结果不同，刑罚就不同？

按照日本法律，明明都具有杀人的主观意愿（杀意），仅因为结果不同刑罚就不同，你怎么看？

? 想一想

- 明明两种情况都有杀人的主观意愿且采取了行动，仅因为结果不同刑罚就不同，你怎么看？
- 结果代表一切吗？

吃纳豆这件事"低人一等"吗?

总有人觉得异文化是劣等文化

日本从古时候开始就有吃纳豆的风俗文化。很多不吃纳豆地区的人会觉得"纳豆黏糊糊的,好恶心""纳豆不就是腐烂了的大豆吗""臭死了,一点儿也不想吃"。

在日本,你不太会见到有人淡定地吃着蚱蜢、蟋蟀等昆虫,但世界上却也存在把昆虫当普通食物来吃的文化。你会认为吃昆虫的那些人在文化方面要更加劣等吗?同样地,那些不吃纳豆的人,其中也不乏有人觉得日本人"居然吃黏糊糊的腐烂了的大豆,太劣等了"。上述对不同民族、不同人种的文化持否定态度,认为他们低人一等的想法叫作"本民族中心主义"。

吃昆虫,可能会让你觉得不舒服、恶心,这是没有办法的事情,但因此就认为吃昆虫的文化是劣等的,这合适吗?同样地,那些不吃纳豆的人可能会觉得纳豆很恶心,但因此就认为日本的文化是劣等的,这合适吗?

在东南亚的泰国，随处可见卖昆虫的小货摊

泰国首都曼谷卖可食用昆虫的小货摊。在东南亚，随处可见卖炸的或者烤的田鳖、蚱蜢、蟋蟀、青虫等昆虫的小货摊。据联合国粮食及农业组织（FAO）的调查显示，世界上有 1900 多种昆虫是可食用的。

否定异文化或许是因为"本民族中心主义"。

? 想一想

- 如果吃纳豆被外国人认为是"劣等文化"，你作何感想？
- "本民族中心主义"是正确的吗？

"加倍奉还"可取吗？

可以采取和电视剧中一样的行为吗？

几年前，日本电视剧《半泽直树》备受关注，剧里的主人公半泽直树承受着作恶多端的上司的打压，但最终成功揭露了其非法行为，完成了复仇。其中的一句台词让人印象深刻："以牙还牙，加倍奉还。"

这部剧大火是有原因的。现实中日本的很多公司职工虽然心中很想像半泽直树一样敢于直面不公，揭露上司的恶行，但却始终无法实现。如果与上司交恶，大概率会落一个被辞退或者被降薪的下场。但是，半泽直树始终坚持正义，成功地揭露了其非法行为。这对于现实中忍气吞声的人来说，实属大快人心。

被人打压后，加倍奉还给对方，这确实会让人心情舒畅。有些人认为"做了坏事，被人报复是再正常不过的了"。但是，真的"以牙还牙，加倍奉还"后，被报复的人难道不会再想着来报复吗？这样就变成了报复的拉锯战，这真的是个可取的方法吗？

现实生活中，"加倍奉还"会带来什么结果？

加倍奉还！

嗯？

报复这件事会让世界变得更美好吗？

？ 想一想

- 如果你的朋友被人欺负打压，你觉得采取报复行为是可取的吗？
- 当你发现了某些人的不法行为或者恶行后，你会怎么办？

哲学史上的重要人物 ① 苏格拉底

古希腊哲学家苏格拉底（公元前 469—公元前 399 年）生活在距今 2400 多年以前，但他的思想对今天仍有着举足轻重的影响。

我们并不是很了解出生于雅典的苏格拉底年幼时的生活，只知道上了年纪的苏格拉底在雅典这座城市与形形色色的人进行对话，讨论"什么能使人幸福""什么是善""什么是勇敢"等。据说通过各种各样的问答，和苏格拉底探讨的人都以承认"我还不够了解"，承认自己的"无知"而结束（第 3 章第 2 节）。

苏格拉底自己并无著作，他的弟子柏拉图将苏格拉底与人对话时的情况记录并整理了出来。现在我们可以通过读《苏格拉底的申辩》《克里托篇》《裴洞篇》等来了解他的思想。

据说苏格拉底最后被雅典法庭判处死刑，服毒而亡。

苏格拉底像

第 2 章

人们

判断是非的

观念标准

判断善恶、正邪的普遍标准

世界上任何人都与伦理有关

也许有人没有听说过"伦理"这个词。字典上对它的解释是"作为人该遵守的道义。判断善恶、正邪的最普遍的标准。道德。道德准则"。换言之，判断"何为善，何为恶"的标准即伦理，而研究这一标准的学问叫作"伦理学"。"伦理观"则是指你怎样理解伦理。

在学校上课时，大家会学到关于"道德"或"品德"的知识，与我们上述所提的"伦理"概念基本相同。既然存在着"品德""道德""伦理"等不同的词语，那么它们的含义肯定不是完全一样的，但本书中我们将其视为同样的概念。

"道德课太无聊了。""我对伦理什么的丝毫不感兴趣！"

你也许经常能听到上述类似的话。基于第 1 章中提到的各种各样的问题，你应该也对"何为善""何为恶"有了初步的思考。这些问题全部都跟道德有关。只要我们活着，道德就会一直存在。

让我们一起来了解一下"伦理"和"伦理观"的概念

伦理

【概念】作为人该遵守的道义。判断善恶、正邪的最普遍的标准。道德。道德准则。

【例句】你所做的事是违背伦理的。

虽然可能有人不认同，但基本可以认为"伦理"和"道德"是相同的概念。

伦理观

【概念】对于人应该遵守的道德这一问题的看法和态度。道德问题的自我见解。

【例句】大人们经常说"现在的年轻人没有伦理观"，将死板的伦理观强加给年轻人。

如果你是第一次接触"伦理观"这一词语，那么就请你一边阅读此书，一边思考一下自己所持有的是什么样的"伦理观"。

？想一想

- 跟你的家人一起探讨一下"伦理"。
- 有着伦理观的人具体是指什么样的人？
- 没有伦理观的人又指什么样的人？

道德是区别于法律的规范

道德虽然不是法律，但却是非常重要的规范

　　世界上存在各种各样的规范，其中最具代表性的就是法律。法律是一个国家制定的明文规范。如果有人违法，就要被逮捕或缴纳罚金。例如，偷东西会被定为盗窃罪。根据犯罪程度的轻重，有人甚至会被处以死刑。

　　如果做了盗窃、诈骗这样不道德的事情，是要接受法律的惩罚的，但违反道德不一定会违反法律。

　　举个例子，公交车上不给行动不便的老人让座属于犯罪行为吗？因为并没有"必须给老年人让座"这一法律规定，所以即使你不让座也不会被逮捕。但实际上，很多人还是觉得这种情况下应该让座。上述这种社会上约定俗成的规范就叫道德。

　　有句话说"法律是道德的最低标准"。换言之，法律是人必须遵守的规范，那些不属于法律范畴的，但也应该遵守的规范，就叫道德。

法律、道德都是我们应该遵守的社会规范

原来如此，相较于法律，道德所规范的"可以做的、不可以做的"范围要更大。

道德

作为人应该遵守的规范

判断善恶正邪的最普遍的标准。
不一定是明文规定的。

法 律

法律是道德的最低标准

国家只明文规定那些必须遵守的规范。
如果有人不遵守，就得接受惩罚。

那么不遵守法律的人，就一定不会遵守道德最低标准的规范吗？
我可不想成为一个不遵守法律的不道德的人。

？想一想

- 那是不是说只要不违法，你想干什么就可以干什么了呢？
- 试着发现身边一些道德性质的社会规范。

道德和礼仪的区别

不同于道德，礼仪在世界范围内并不共通

有人曾对你说过"让我们一起来遵守礼仪吧"这句话吗？感觉礼仪类似于上述我们提到过的人类应该遵守的规范，但其实礼仪使用范围更广，多指"在一个社会集体中，让他人能心情愉悦的行为或是不给他人添麻烦的行为"。

举个例子，吃东西时发出"咯吱咯吱"的声音，这就是违反礼仪的，因为这会让周围的人感觉到不舒服。我们的手机可以设定"会议模式"，通过静音来避免给周围的人添麻烦。

但值得注意的是，不同的文化和习惯，其礼仪也是不同的。例如，日本人吃荞麦面发出哧溜哧溜的声音才是吃面的精髓所在，但在有的国家，吃面时发出声音是很失礼的。

撒谎、盗窃都是不可以做的事情，这是世界范围内的共识，但礼仪随着文化和习惯的不同，是会发生变化的。

礼仪在不同的国家是大相径庭的

- 将装有味噌汤或其他汤的器皿直接端到嘴边喝

 日本

 欧洲

- 抚摸孩子的头

 日本

 泰国、印度尼西亚等国家

 也就是说，日本人认为的一些常识在其他国家可能是非常识。

  有时道德和礼仪是完全不同的。

但是，道德在世界范围内并没有太大的变化。

？想一想

- 你平常比较在意的礼仪有哪些？
- 调查一些你感兴趣的国家的礼仪，试着探究一下它们之间的区别。

不做让自己觉得讨厌的事情

这是亘古不变的重要原则

有很多人应该都听过"不做让自己觉得讨厌的事情"这句话吧。从道德角度来看，上述观点会引发各种难题，而不做让他人觉得讨厌的事情这一点对于社交来说是十分重要的，是伦理的基本原则之一。

为什么我们不能欺负同学，不能撒谎呢？正是因为我们不做让他人觉得讨厌的事情。

在这里让我们回想一下第 2 页中提到的"按下按钮就会得到 1 亿日元"的问题。假设你选择按下按钮，那么别人按下按钮你也无可非议。"自己想按，却不想让别人按"这实在没什么道理。

真正重要的东西，古今都是一样的

• 社交中重要的原则

不做让自己觉得讨厌的事情

↕ 同样的意思

• 2500 多年前孔子的训诫

己所不欲，勿施于人

不管是现在还是以前，人类的思想都是共通的。

孔子

（公元前 551—公元前 479 年）

中国学者、思想家，被尊崇为"儒家的创始人"。收录孔子名言警句的《论语》很早就在日本流传，对日本也产生了重要的影响。有名的成语"温故知新"就是从《论语》中而来。

? 想一想

● 回想一下，那些让自己不舒服的事情，你是否也对别人做过？你怎么看待做过这些事情的自己？

5

让我们思考一下"平等"的含义

平等其实有很多种表现方式？！

日本宪法第 14 条明确表示"法律面前人人平等"，但是现实中，人种差别和男女差别是确实存在的，人人平等根本还没实现。

让我们来思考一下"平等"这一词语的含义。

请看下页中的左侧插图。3 个孩子同时在看棒球比赛。为了方便观看，3 个孩子脚底下都踩着 1 个箱子，每个人都踩着相同数量的箱子，这可以说是平等的。

再看一下右侧的插图，左边的孩子没有踩箱子，中间的孩子踩着 1 个箱子，而右边的孩子踩着 2 个箱子，只看箱子数量的话，谈不上平等。但仔细看一下，3 个孩子身高不同，通过改变箱子的数量使他们正好能保持在同样的高度观看比赛。从"是否看得见"这一角度来看，右侧的插图才是平等的吧。

如果你是图中高个子的孩子，你认为右侧的插图和左侧的插图，哪幅叫作平等？如果你是图中矮个子的孩子呢？你会不会因为身高的不同，对于平等的认知也不同呢？

你认为下面哪幅图可谓平等？

左侧插图中，3 个人脚底下都踩着一个箱子。右侧插图中，为了 3 个人能达到同样的高度，调整了他们脚底下的箱子数量。从某种意义上说，这两幅图都体现出了平等，换个角度也可认为都没有体现出平等。

平日里我们理所当然认为的平等概念，仔细思考一下，其实是很难界定的。

？想一想

- 左侧的插图和右侧的插图，你认为哪幅才是平等的？
- 你认为不平等的那幅插图，真的能断言它就是不平等的吗？

个体、时代不同，道德观也不同

世界上有着持有不同道德观的人

不管在世界哪一个地方，"1+1"的答案都是"2"。在日本的答案是"2"，在美国的答案同样也是"2"，并不会变成"3"。在当今社会中答案是"2"，未来的答案也不会变成"3"或者"4"，答案永远都是"2"。

但是，道德观是因人而异的。因为文化、环境、宗教的不同，人们对于何为善、何为恶的思考也是会发生变化的。

现在说出来你可能不相信，但在数十年前，电车内、电影院内是可以吸烟的，吸完后将烟头随手一扔的人随处可见。

文化、环境、宗教不同，道德观也不尽相同。随着时代的变化，大家的道德观也会发生变化，但作为人应该遵守的道德发生变化了吗？这一点值得大家思考。

在过去，人们是可以在站台上吸烟的？！

昭和年代（1926—1989年），电车内、站台上是可以吸烟的，但随着时代变迁，电车由部分禁烟变为完全禁烟。在几年之前，站台上是可以吸烟的，但现在几乎看不到站台上有人吸烟了。

道德观不断发生变化可能是因为道德在不断地进步。

？想一想

- 我们应该怎么跟和自己道德观不同的人相互理解呢？
- 问一下家人，哪些事情是和过去不同的，是发生了变化的。

让我们思考一下"正义"的含义

被认为是"罪恶"的战争存在着正义吗?

2003 年 3 月,美国乔治·W. 布什总统不顾多国的反对,以伊拉克持有大量杀伤性武器(WMD)为由,向其发动了战争。布什总统称伊拉克为"邪恶轴心国",强调此次战争是为了"正义"而战。美英联军拥有压倒性力量,第二个月就攻占了伊拉克首都巴格达,同年 5 月,布什总统宣告战争结束,但是他们并未在伊拉克发现杀伤性武器。从伊拉克的角度来看,他们认为"战争造成很多无辜的伊拉克人死亡,什么正义! 美国才是罪恶的源泉"。也有与此次战争无关的国家认为"美国挑起战争,算什么正义"。

所谓正义是指对所有人公正、公平,战争这样的暴力行为本来就是偏离了人道的罪恶。仅靠一个"正义"的借口就可以发动战争吗?

思考一下平日里我们所理解的正义,到底是谁来判定的呢?

看到下面的照片，你还可以说战争是"正义"的吗？

图为 2004 年 12 月，在伊拉克费卢杰，美军用坦克摧毁向自己开火的伊拉克人的建筑物。直至 2011 年美国从伊拉克撤军，这期间有很多美国军人、伊拉克人因战争死亡。

正义是指对所有人公正、公平。

？ 想一想

- 号称是"正义的战争"，就没问题了吗？
- 调查一下伊拉克战争相关事件，思考一下怎么做才是正义。

哲学史上的重要人物 ② 亚里士多德

古希腊哲学家亚里士多德（公元前 384—公元前 322 年）出生于医生世家，18 岁的时候成为哲学家柏拉图的弟子，之后潜心研究教育，和柏拉图并称为古希腊最伟大的哲学家。亚里士多德不仅精通哲学，还精通伦理学、自然学、政治学、文学等学问，被称为"万学之祖"。

精通多种学问的亚里士多德在伦理学领域留下了不少著作，其中有他的儿子尼各马可整理而成的《尼各马可伦理学》，其弟子欧德莫斯整理的《欧德莫斯伦理学》《大道德学》（也有说法认为这些著作并不是亚里士多德本人写的），通过这些著作，我们现在也能了解到他关于伦理的一些思考。

亚里士多德生活的年代是日本的绳纹时代末、弥生时代初，在其死后 2300 多年里，他的思想影响着很多人，这实在令人震惊。

亚里士多德像

第 3 章

哲学领域的伟人

是这么

思辨的

苏格拉底"美德即知识"的思考

所谓德，是指拥有一颗善良的心

古希腊人认为任何东西都有其特有的性质和功能。例如，刀有"切"的功能，刀锋利是指作为刀该有的性质和功能十分优秀。这种优秀的性质、功能叫作"德"。

古希腊哲学家苏格拉底（第16页）认为人所拥有的特别的性质、功能，其实就是这个人的"魂"，拥有善良的灵魂就是德。所谓善良的灵魂，简单来说就是善良、正义。

苏格拉底认为，通过完善自己的灵魂，堂堂正正地活着，人就可以拥有德，这就是有名的"美德即知识"（知德合一）。"知"就是正确判断善与恶。有德且知善恶则行为端（知行合一），在这个过程中就会获得真正的幸福（福德一致）。相反，做错误的事情，自己同样也会变得不幸。

换言之，苏格拉底认为，每个人都应该深入思考何为"善良的生活方式"，只有德才兼备才能拥有正确的道德观，这是通往幸福的根本。

"德"是什么？

万物包括人类所具有的重要的特性就是德

刀	马	人类
"锋利"就是刀的德	"跑得快"就是马的德	"善良地生活"就是人类的德

• 苏格拉底的名言

过去的人思考的内容都好深奥啊！

"美德即知识"（知德合一）

简单来说，"正确的人"知道正确的事，会做出正确的行动。我认为，这样才能拥有幸福的人生。

想一想

● 一起来思考一下周边事物的德。
● 你自己拥有德吗？

不能察觉自己无知的人罪孽深重？！

明明什么都不知道，却认为自己无所不知？

苏格拉底曾说过"美德即知识"，他非常重视"无知之知"。"无知之知"即知道自己的无知。即使去世 2400 多年仍然被尊崇为伟大的哲学家、伦理学家的苏格拉底认为，如果察觉不到自己的无知，就无法得到真知。

现在，人们利用网络就能轻松地获取信息，很容易让人陷入"只要有网络就什么都知道"的错觉中。但苏格拉底认为，过分地相信自己"都知道""察觉不到自己的无知"比无知本身更加罪孽深重。

例如，试着在网上搜寻一下第 1 章中问题的答案，答案应该不太容易找到，因为网络并不能回答一切。

我们似乎明白什么是善、什么是恶，但事实上，我们并没有自己所认为的那么明白。察觉到自己的无知并去思考什么才是正确的，这一点很重要。

"无知之知"可能会对今后的人生产生重要影响！

| 察觉不到
自己无知的人 | 察觉到
自己无知的人 |

记住乘法口诀，以后做任何乘法都没有问题啦！

即使记住了乘法口诀，但还是不了解2位数的乘法怎么算。

以后我都不用再学乘法了。

学习越多，想要知道的知识就越多。

这就可能陷入了"不知道自己无知"的状态。

察觉到自己的无知，就会更有求知欲。

一年后

当时不应自满自大，应该好好学习的。

如果觉得自己无所不知，那么就会停止成长。

比起不知道却装作知道，了解一些原本不知道的事情不是更好吗？

? 想一想

● 有些事情你明明不知道，却装作自己知道。试着思考一下自己为什么要这么做。

● 你是否觉得"不知道"这件事是很可耻的？

什么是"定言命令式""假言命令式"？

让我们了解一下康德提出的 2 个关键词

活跃于 18 世纪的哲学家伊曼努尔·康德（第 46 页）在其著作《实践理性批判》中试着回答了"善恶的标准是什么？"的问题。其中，他使用了"定言命令式"和"假言命令式"对道德进行了思考。

定言命令式，是指通过"要""必须"这种命令形式而体现出的道德法则，它适用于所有人。例如，遇到有困难的人一定要帮忙，遇到困难的人必须要帮忙。

假言命令式是通过"如果……就要……"这样的词来体现的附带条件的命令。例如，如果能被表扬，那就去帮助别人吧。

康德认为，即使是同样的行为，纯粹因为正确而帮助他人和为了自己的利益而帮助他人，善恶是不同的。请大家回想一下第 6 页的内容，认为"必须帮助陷入困境的人"的小 A 遵循了定言命令式。康德认为小 A 比小 B 更加正确。

"定言命令式"与"假言命令式"

定言命令式

必须帮助有困难的人呀!

假言命令式

帮助有困难的人,就会得到老师的表扬哦!

必须帮助有困难的人

→ 无条件的帮助

我觉得这和因为想得到老师的表扬而去帮助人是不一样的。

帮助一下吧,因为这样能得到老师的表扬

→ 有条件的帮助

但是,帮助人这一事实是相同的,我觉得两者并没有什么不同!

? 想一想

- 让我们回到第 6 页,思考一下小 A 和小 B 有什么不同。
- 试着回想一下,当你做好事的时候,你在想些什么?

康德的道德思想"义务论"是什么？

认为行善是义务的康德

"遵守约定"从是好还是坏这一角度来看的话，那它肯定是好的，为什么说遵守约定是好事呢？

正如康德的定言命令式那样，他认为无论结果怎样，每个人都有行善的义务，人必须行善。康德的这一想法就是"义务论"。

举个例子，你和朋友约好今天一起回家。如果你遵守约定，会出现"没法看自己喜欢的电视节目""家里人生气"等对自己不利的结果，而违背约定也是不好的。康德认为即使出现了不好的结果，"约定就是义务，应该遵守"。

伦理学上也有与康德不同的观点，具有代表性是第 42 页介绍的"功利主义"。这种思考方式被称为"结果主义"，即行善的价值是由其行为带来的结果来判断的。

义务论和结果主义的区别

义务论

认为无论结果怎样，都应该采取正确的行为。

[例句]约定是必须遵守的，所以无论发生什么，都必须信守约定。

[例句]暴力是"恶"，无论发生什么事情，暴力都是不正确的。

结果主义

认为某个行为的价值该由它带来的结果或者其目的来决定（第42页中的"功利主义"就是结果主义）。

[例句]如果我们不遵守约定，世界将会陷入混乱，所以必须得遵守约定。

[例句]如果暴力能够结束争吵，有时候也可以为之。

似乎可以理解"义务论"。

结果主义好像也有道理，感觉两者都是正确的呢！

16世纪的神圣罗马帝国皇帝斐迪南一世选择了一句具有义务论观点的话作为自己的座右铭——"正义，即使世界将灭亡"。

斐迪南一世

？ 想一想

- 如果遵守约定会损害自己的利益，还应该去遵守吗？
- 在义务论中，声称为了和平的战争是被允许的吗？

把大家的幸福视为"善"的"多数人的最大幸福"

功利主义的基本内容

关于"什么是正确的""什么是善"有着各种各样的说法。17世纪的哲学家杰里米·边沁（第58页）认为能实现"多数人的最大幸福"就是"正确的""善的"。即让尽可能多的人尽可能得到幸福的行为就是善良的行为，这也被称作"功利主义"，是伦理学中具有代表性的说法之一。

例如，计算班上全体人员的幸福度，得分最多的行为就是"善"。但问题在于如何计算。有人吃到甜蛋糕会感到幸福，也有人讨厌甜蛋糕。计算每个人吃到甜食时的幸福度，并不像计算苹果的数量那么简单，但边沁还是制定出了"快乐计算"（参考右页）这一方法。

如果我们从功利主义角度看待第4页中的"矿车难题"，那么牺牲1个人来救5个人这一做法好像是正确的，但从义务论的角度来看，可能又会有不同的答案。让我们来一起思考一下吧。

何为"多数人的最大幸福"？

杰里米·边沁功利主义的基本内容

- 增加幸福（快乐），减少不幸（痛苦）的就是"善"
- 减少幸福（快乐），增加不幸（痛苦）的就是"恶"

我提出了一个方法，将幸福（快乐）转换为具体数值来进行计算。

这能够计算吗？

杰里米·边沁

边沁也只是说明了一下计算快乐的方法，并没明确列出计算公式，所以有很多人批判说"快乐根本没法计算"。

• 边沁的快乐计算法

快乐的7要素
①强度：快乐感强。
②持续性：快乐持续时间长。
③确定性：更有可能获得实实在在的快乐。
④远近性：快乐近在咫尺而不是远在天边。
⑤多产性：快乐产生更多的快乐。
⑥纯粹性：快乐不会产生痛苦。
⑦适用范围：很多人共享快乐。

计算方法
①调查这个行为产生的最初的快乐和痛苦的价值。
②调查这个行为过后产生的快乐和痛苦的价值。
③计算所有快乐和痛苦的总和。
④计算与该行为相关的人们的快乐和痛苦之差，快乐多则为善，痛苦多则为恶。

？ 想一想

- 少数服从多数，采纳多数人的意见就能达成"多数人的最大幸福"了吗？
- 少数服从多数，你认为可以直接无视少数派的意见吗？

试着用"模糊面纱"思考一下！

或许是适用于多种场合的简便说法

如果自己家很富有，你会觉得"出生在这个家里太好了"；如果自己家很贫穷，你会想"好想出生在富有的家庭里"；如果你学习不好，你会希望"自己一出生就有一个聪明的脑袋"；等等。每个人都会有很多的想法。

假如你能和某个人互换人生，你希望世界是怎样的？

举个例子，假如你并不知道互换后自己的性别是什么，那你会希望这个世界是男尊女卑，还是男女平等呢？考虑到自己可能是一名女性，那么大概率会选择男女平等的世界吧。

同样地，如果有"贫富严重两极分化社会"和"无贫富差距社会"两个选项，你选哪个？应该有很多人不想过贫困的生活，觉得无贫富差距社会更好一些吧。

思考一下，在完全不知道自己会成为什么样的情况下（模糊面纱），什么样的社会才是好的社会？只有在这种情况下，你所选择的才是正确的社会，或者说是真正希望的社会。

什么是"模糊面纱"？

自己的国籍、性别、财产情况、和家人的关系等
关于自己的一切信息都不了解的状态

在明知自己也有可能是女性的情况下，会有人选择男女不平等的世界吗？

我讨厌吃不饱饿肚子，所以我希望是一个不必忍受饥饿的平等的世界。

思考一下，什么样的社会、
世界才是比较好的？

例如：

①男尊女卑的社会；②男女平等的社会；③女尊男卑的社会。
①贫富差距大的社会；②无贫富差距的平等的社会。

在不知道自己身份的情况下，你会选
择大家都认为"正确"的吗？！

你会选择哪一个？

? 想一想

● 请用"模糊面纱"的方式来思考一下，什么样的社会、什么样的世界是比较好的？

哲学史上的重要人物 ③ 伊曼努尔·康德

伊曼努尔·康德（1724—1804 年）被称为"近代哲学鼻祖"，是德国伟大的哲学家。康德出生于东普鲁士（现在的德国）首都哥尼斯堡（现在俄罗斯的加里宁格勒），就读于哥尼斯堡大学，之后任这所大学的教授。

康德有不少著作，其中最有名的是《纯粹理性批判》《实践理性批判》《判断力批判》（被称为"三大批判书"）。康德 57 岁时出版的《纯粹理性批判》中提出了推翻之前哲学常识的观点，康德自己将其称为"哥白尼式革命"。这个词至今仍被用来表示"通过与以往完全不同的划时代的新思考方式，使得我们对事物的看法发生了 180 度的大转变"。

在三大批判书中，与伦理学关系最为密切的是对第 38 页中提到的"定言命令式"和"假言命令式"进行了说明并提倡义务论的《实践理性批判》。

伊曼努尔·康德

第 4 章

网络社交时代的

思考和明辨

1

网络道德是什么？

网络虽然方便，但也需要注意！

　　大家肯定有用过推特、照片墙、抖音等社交软件的吧。在使用过程中，有人会散布虚假信息，有人会欺凌他人，甚至会引诱他人犯罪。网络有其有趣的一面，但同时也隐藏着很多危险。

　　例如，在社交软件上，即使 A 没有偷东西，别人也可以轻易地发布虚假信息，"A 偷东西了！电话号码是 080-1234-5678，居住地址是东京都 XX 区 XX1-2"。只要有网络，全世界的人都可以看到这条信息，轻信这条信息的人可能会打去骚扰电话。如果这种事发生在自己身上，一定会感到困扰吧。

　　这个时候网络道德就显得尤为重要。所谓网络道德，是指处理信息时的道德和礼仪。网络世界中，我们基本无法了解到信息发布者的身份，但不能因此就随便传播虚假信息，这样你很可能会成为加害人，如果没有网络道德的人越来越多，你成为受害者的可能性就会大大增加。

小学生都应该知道的网络道德

● 网络道德是什么？ 处理信息时的道德和礼仪。网络给我们带来了便利，但同时也充斥着虚假信息、犯罪和垃圾行为。在这样的环境下，不受到伤害，同时也不要伤害别人，这两点都是非常重要的。

为了不伤害别人，小学生都应该知道的事情

● 自己在网上的发言可能会伤害朋友，要充分考虑到对方的心情后再发送信息、发表评论。

● 不要随便拍他人的照片，也不要随便将他人的照片公之于众。

● 想要将已发表的信息完全删除是很困难的，所以要遵守规则和礼仪，对自己的发言承担起责任。

● 不要下载违法上传的音乐、视频、漫画等。

● 不要擅自使用其他人的著作（参考第53页）。

为了避免受到伤害，小学生都应该知道的事情

● 不要发表那种能让人知道自己是谁的内容。

● 需要输入自己的名字、家庭住址等信息时必须跟家人商量。

● 不要在网上发只穿着内裤或者近乎裸体的照片，如果在网上传播开来，就会很麻烦。

● 不要随便相信在网上认识的人，更不要随便见面，因为可能会被卷入犯罪事件中。

● 玩社交软件或者游戏时，如果想买图标或者表情包，要跟家人商量一下。

> 要遵守的事情好多呀。

> 要注意哦，如果不遵守网络道德，被害者有时也会变成加害者！

? 想一想

● 上网时有什么需要注意的地方吗？

● 你有没有在网络上做过现实生活中不会做的坏事呢？

可以在社交软件上说朋友的坏话吗？

网络欺凌在持续增加

现在，网络社交欺凌也成了一个大问题。可能有人在社交软件上被别人写过坏话，也可能有人写过别人的坏话。

经历过的人就会知道在社交软件上被人欺凌是多么痛苦的一件事。即使是没有这种经历的人，只要稍微想象一下，也应该能明白。

根据日本文部科学省调查显示，仅查明的使用网络社交等手段的网络欺凌数量如右图所示，呈不断增加的趋势。欺凌的整体数量在减少，但网络欺凌数量却在不断地增加，尤其是小学生中的网络欺凌数量更是大幅度增加。网络欺凌常常发生在老师和家人很难发现的地方，所以实际数量要比这个数字还要多。

确实，我们有表达自己想法的自由，但这表示我们可以随便说别人的坏话吗？在社交网络上说别人的坏话是"言论自由"吗？

中小学不断增加的网络欺凌

啊？下面这些行为都是网络欺凌吗？

- **网络欺凌的主要行为**
  ①在网络论坛和社交软件上写朋友的坏话。
  ②在网络论坛和社交软件上随便发布朋友的个人信息。
  ③把朋友的坏话通过短信发到其他朋友的手机上进行扩散。
  ④冒充朋友在网上发布虚假信息。

- **中小学中的网络欺凌数量的变化**

	小学	中学
2016年	2679	5723
2017年	3455	6411
2018年	4606	8128
2019年	5608	8629
2020年	7407	8662

网上没人知道你是谁，所以可以随便发表任何言论，你有这种想法吗？你不想自己被别人散布的一些内容，你是否将其用于他人？

？ 想一想

- 只有语言攻击算是暴力吗？
- 怎么做才可以让网络欺凌不再发生？

免费看漫画，自己会吃亏吗？

盗版网站和小偷是一样的！

几年前，通过违法手段可以免费看一些原本付费才能看到的盗版漫画网站成了社会热点。免费看那些原本需要付费的漫画这件事，跟在书店偷书是一样的。虽然不需要付钱就能看漫画，大家都想去看的心情是可以理解的，但这种盗版网站侵犯了漫画作者的著作权，是违法的。

不仅是画漫画，制作电影、音乐等也是需要付出很多辛劳的。如果大家都用盗版，那么创作者就无法获得收入，也很难再继续创作下去。最终结果就是我们无法再继续享受漫画、电影和音乐了。绕来绕去，最终受到损失的可能还是我们自己。不仅如此，从创作者的角度来看，这是一件非常令人悲伤的事情。

现在是一个可以在网上欣赏漫画、音乐、电影的时代，同时也是一个需要我们去确认这样的行为是否会侵犯他人著作权的时代。

著作权包含很多

● 著作权是什么？

创作作品（参考下表）时，创作作品的人同时拥有权利。明知道网上的漫画是盗版却仍旧下载，这就侵犯了作者的著作权。网上侵犯著作权的情况很多，正在发展成一个大问题。

● 拥有著作权的作品

语言：论文、小说、剧本、诗歌、俳句、演讲等
音乐：乐曲以及其歌词
舞蹈、哑剧：日本舞蹈、芭蕾、现代舞等舞蹈以及哑剧的动作
美术：绘画、版画、雕刻、漫画、书籍、舞台装置等（包括美术工艺品）
建筑：具有艺术性的建筑物（设计图属于图形类的著作）
地图、图形：地图和学术性的图画、图表、模型等
影视：剧场用电影、电视剧、网络视频、视频软件、广告电影等
图片：照片、写真等
程序：电脑程序
二次：对上述著作（原著作）进行翻译、编曲、变形、改编（电影化）等，再次创作的内容
编辑：百科全书、字典、报纸、杂志、诗集等
数据库：编辑的著作中，可以用电脑搜索到的内容

违反著作权法，有可能会被逮捕哦。

好多东西都涉及著作权呀。免费利用别人辛辛苦苦做出来的东西，好像不太好吧。

? 想一想

● 让我们一起详细调查一下著作权到底包含哪些权利。
● 回想一下过去，你有没有看过盗版的东西，做过侵害他人著作权的事情？

注意避免卷入网络事件！

社交网络上有很多坏人！

近年来，小学生、中学生被卷入智能手机等相关网络事件的情况越来越多。我们现在需要思考的是，一旦孩子们开始使用手机，怎样做才能保护他们避免受到侵害。

令人遗憾的是，现在有很多想要欺骗孩子的坏人。很多孩子被网络上认识的大叔欺骗，仅因为他们的一句"我想见你"就轻易地与对方见面，结果被欺骗，甚至被诱拐的事件时有发生。即使对方说些甜言蜜语，也不要轻易相信，因为通过一些温柔的话来取得信任是这些坏人的策略。

被卷入上述类似事件的未满18岁的未成年人越来越多（参考右图）。其中有小学生，但中学生和高中生居多。我们一定要十分注意。

智能手机虽然方便，但如果使用不当，它就会成为你被卷入犯罪的一个入口。如果一个不认识的人对你说"我想见你""发张照片看看吧"等，为了保护自己，一定要先找一个值得信赖的大人商量一下。

在社交网络上被卷入犯罪事件的孩子不断增加！

● 由社交网络引起的犯罪中，儿童受害人数的变化

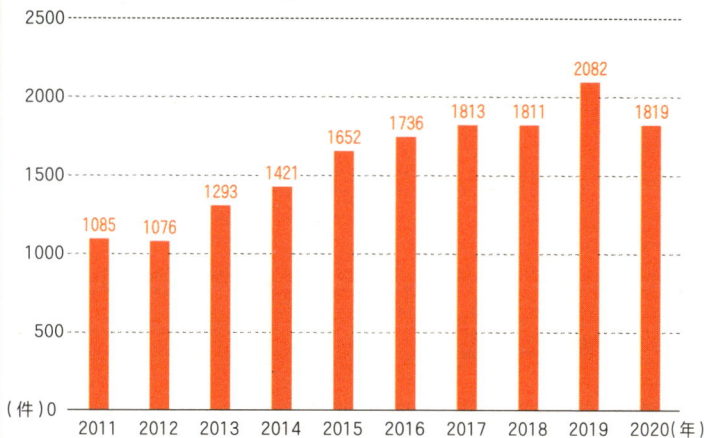

年份	人数
2011	1085
2012	1076
2013	1293
2014	1421
2015	1652
2016	1736
2017	1813
2018	1811
2019	2082
2020	1819

出处：日本警察厅《2020 年少年犯罪、儿童遭受虐待及性侵的情况》

使用社交网络的孩子被卷入犯罪事件这一情况呈增长趋势！

听说推特的用户是最多的，中学生、高中生占了整体的大约90％，今后必须得注意呀。

我虽然能够理解你想瞒着家人使用社交网络的心情，但首先是要保护好自己哦。

? 想一想

● 在社交网络上，跟自己不认识的人谈论一些平日里无法对家人说出口的话题，这是一件好事吗？
● 试着在网上搜一下曾经发生过什么样的犯罪事件。

信息差距是造成不平等的主要原因！

"数字鸿沟"是造成差距的主要原因

常使用手机、电脑等数码设备的人和不经常使用这些设备的人，他们在网上获得的信息量是大不相同的。

例如，某店在社交网络上发布了打折的消息，这个时候，只有那些使用社交网络的人才能知道这些信息。

也许你会想所有人都去玩社交网络不就行了嘛，但有很多老年人根本不会使用智能手机，也不太会用社交网络。还有人因为生活困难而没有智能手机，这些人被称为"信息弱者"，他们在各种各样的生活场景中都被置于收集信息的劣势地位。像这样，在能使用数码设备的人和不能使用数码设备的人之间产生的差距叫作"数字鸿沟"。

数字鸿沟导致高度数字化的现代社会贫富差距拉大，但这并不仅仅是日本国内的问题。在贫穷国家和发达国家，贫富差距本就存在的情况下，数字鸿沟进一步扩大了这种差距。

世界上的网络利用率存在着很大差距！

• 个人的网络利用率（2020 年）

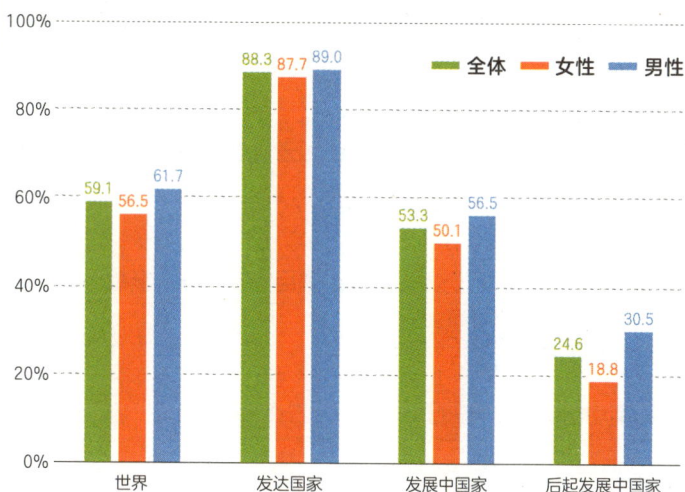

图例
全体 女性 男性

世界：全体 59.1，女性 56.5，男性 61.7
发达国家：全体 88.3，女性 87.7，男性 89.0
发展中国家：全体 53.3，女性 50.1，男性 56.5
后起发展中国家：全体 24.6，女性 18.8，男性 30.5

出处：国际电联世界电信／信息与通信技术指标数据库
（ITU World Telecommunication/ICT Indicators database）

> 世界上发展中国家使用网络的人很少！疫情发生的时候，他们上网课吗？

> 你提出了一个很好的问题。没有网络是没办法上网课的。数字鸿沟也会导致教育的差距。

？想一想

● 思考一下，如果没有网络，最让你困扰的事是什么？

● 思考一下，数字鸿沟会产生哪些方面的差距呢？

哲学史上的重要人物④杰里米·边沁

杰里米·边沁（1748—1832 年）是英国的哲学家、经济学家和法学家。他因主张"多数人的最大幸福"（第 42 页）的功利主义而被世人所熟知。

杰里米·边沁稍微有点古怪。他在去世前曾留下遗言，"死后希望将自己做成标本挂在大学里当装饰品"。

但因为边沁头部的伤太过严重，就用蜡做了一个复制品，现在我们可以看到被保存下来的边沁的蜡像。

日本也出版了很多关于边沁的功利主义的书。

杰里米·边沁

第 5 章

地球很危险?!

让我们一起思考

环境问题

环境道德是什么？

让我们一起了解环境道德的 3 个问题

如今，地球的气候变化正在成为一个大问题。其原因大多是人。人类建造工厂，燃烧石油和煤炭，产生大量的废气，污染空气。人类随意丢弃垃圾，污染海洋和山川。人类的这些行为不仅会对动植物产生危害，对人类本身也会产生危害。

过去的人们认为资源是无限的，随意使用石油、煤炭等资源，认为砍伐森林，丢弃垃圾，都不是什么大问题。但是，随着环境问题的日益严重，越来越多的人觉得这样下去可不行。

近年来，环境道德越来越受到重视。所谓环境道德，是指人类采取任何行动的时候都要考虑人类和环境之间的关系，在此基础上再做出相应的判断和行动，并且要时刻谨记右图提出的 3 个问题。

地球的环境已经开始恶化，也正因为如此，我们才需要认真思考环境道德，不仅要防止地球环境进一步恶化，更要让地球环境朝着好的方向发展。

一起来思考一下环境道德的 3 个问题

自然的生存权

不仅是人类，动物、植物、地形等自然万物都有生存的权利，人类有保护自然生存的义务。关键语是："自然与人类的共生！"

世代间道德

现如今的一代人应该对未来一代人负有责任，"只管自己这一代生存期间活得好，却不管未来会怎么样"这样的想法是错误的！

地球有限主义

没有了地球，人类也就无法生存！不应该优先考虑金钱、健康、幸福等利益，而应该优先考虑去保护唯一的、有限的地球环境。

我们在学校曾经学习过 SDGs（联合国可持续发展目标），环境道德和 SDGs 内容是一样的，即实现地球和社会的可持续发展。

？ 想一想

- 如果无视环境道德的 3 个问题，未来的地球将会变成什么样子呢？
- 和家人一起讨论一下地球环境问题。

地球上只有人类可以为所欲为？

4万多种物种濒临灭绝

人类为了发展经济，牺牲了环境，会做出违背道德甚至违反法律的行为。举个例子，渔夫为了赚钱，毫无节制地捕鱼，鱼被捕完了的话，渔夫也就无法再赚到钱，生活就无法维持。人类如果肆意妄为，就会失去大自然的恩惠。

在地球上生活的不是只有人类，然而人类为了获取食物、药物、皮毛而滥杀动物；为了建设城市，砍伐动植物栖息的森林，将生活污水和工厂废水排入大海和河流。这导致很多生物失去了生存的空间而灭绝。

2021年12月IUCN（世界自然保护联盟）公布的数据显示，在已评估的地球物种中，约有28%，即大约4万种物种濒临灭绝，但到21世纪末，目前约79亿的世界人口预计将增加到100亿。

一方面有人担心地球的未来，另一方面也有人认为人类是特别的生物，只要人类繁荣就好了。我们应该如何看待地球上其他的生物呢？

很多物种濒临灭绝

- 濒危物种在所有评估物种中所占的比例（2021 年 12 月）

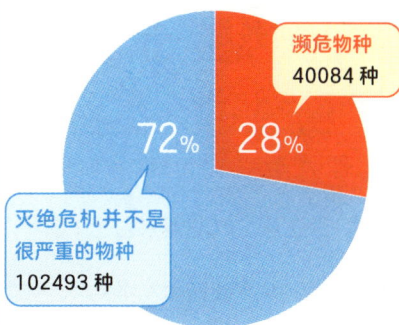

濒危物种
40084 种

72% 28%

灭绝危机并不是很严重的物种
102493 种

在动物园见过的动物居然是濒危物种！老虎看起来那么凶猛，怎么会濒临灭绝呢？

老虎

- 主要的濒危物种

大熊猫

绿海龟

黑犀牛

? 想一想

- 调查一下，为什么濒危物种会濒临灭绝呢？
- 只要人类繁荣，动植物灭绝也无所谓吗？

如何看待导致全球变暖的行为?

人类有责任在采取行动时兼顾未来?!

全球变暖已经成为一个大问题,产生这个问题的原因在于成年人的活动。他们乘坐汽车排放出尾气,他们为了赚钱而批量生产,导致排放出大量温室气体,他们为了农业而砍伐森林。

如果生活在今天的我们有着"在自己活着期间不想为了保护环境委屈自己"的想法,那么全球变暖问题将更加严重,地球将不再宜居,生活在未来的人们可能会非常痛苦。

因为自己活着的时候没有问题,就可以完全不考虑未来的人们,随便浪费资源吗?未来的人们无法像现在的人那样喝水、吃鱼,这公平吗?

"生活在现在的一代人,有责任让未来的一代人生活得更好",这一想法就是"世代间道德"。如果一直拖延不去解决环境问题,那么后代就不得不为我们破坏环境的行为买单。为了避免这种情况,我们可能会被迫忍受各种各样的事情。你觉得我们有必要忍受吗?

让我们来想象一下未来的地球是什么样子

地球确实存在一些环境问题，但应该没什么大问题吧？

但是，继续这样的话，地球可能会变成这个样子！

过去 ➡ 现在 ┈┈➤ 未来

如果继续放任下去，地球会变成上方图片的样子吗？

继续这样放任下去的话，地球会变得越来越不适合人类居住。

孩子也好，成年人也好，是不是都应该考虑到下代人的生活，再采取行动呢？

?　想一想

- 过去的人是不是在考虑到我们这一代人生活的基础上，才决定怎么使用自然资源的呢？
- 为了下一代人的生活，你能忍受到什么程度呢？

先发展起来的发达国家很狡猾吗？

发展中国家也想要实现发展

全球变暖是需要整个世界共同解决的问题。导致全球变暖的温室气体大多是之前发达国家大量生产、大量消费而产生的。像日本这样的发达国家，可以说是牺牲环境促进了经济的发展，从而实现了国家的发展。

现如今经济发展落后的国家也想通过批量建设工厂来促进经济发展，从而过上优渥的生活。但是，现在公认大量生产、大量消费会导致全球变暖，所以他们不能采取过去发达国家的做法了。

请站在发展中国家人民的立场上思考一下，你会不会也觉得"明明先发展起来的国家为了实现发展严重破坏了环境，今后要发展的国家却不能做同样的事情，这是不公平的"？在国际社会中，国家之间的不公平也是一个大问题。话虽如此，但如果世界各国不合作，地球环境就无法摆脱危机状况，这也是事实。那么我们应该怎么做呢？

发达国家和发展中国家温室气体排放量对比

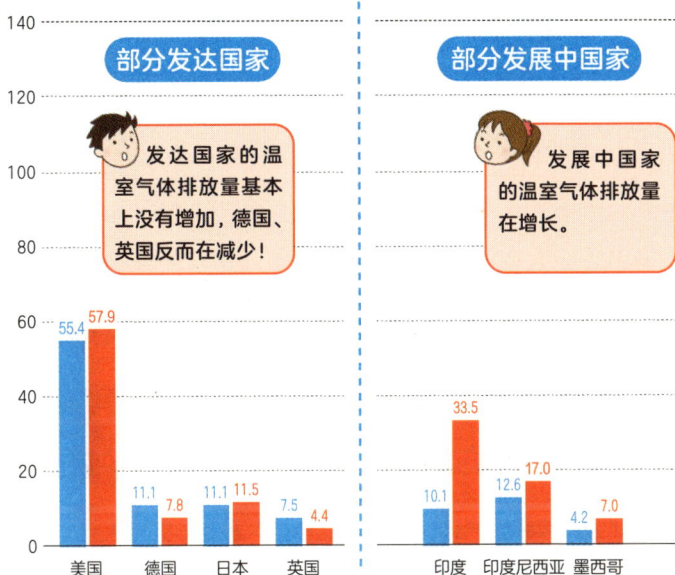

部分发达国家

发达国家的温室气体排放量基本上没有增加，德国、英国反而在减少！

部分发展中国家

发展中国家的温室气体排放量在增长。

美国 55.4 / 57.9
德国 11.1 / 7.8
日本 11.1 / 11.5
英国 7.5 / 4.4

印度 10.1 / 33.5
印度尼西亚 12.6 / 17.0
墨西哥 4.2 / 7.0

出处：世界资源研究所"气候分析指标工具气候数据浏览器"
（World Resources Institute Climate Data Explorer）

温室气体中的大部分是发达国家之前产生的。联合国曾用"共同但存在差异的责任"这句话来表示关于全球变暖这一问题，发达国家和发展中国家在责任上存在差异。

？ 想一想

● 你怎么认识发达国家过去曾排放出大量的温室气体？
● 试着思考一下，如果站在发展中国家的立场上，应该怎么办？

在全球范围内思考，从脚下开始行动

以广阔的视野思考，从力所能及的事做起

　　我们思考问题容易以国家或者地区来进行思考，像是"在日本……""在美国……""在亚洲……"，但我们在地图上画的国界线，对环境来说是没有用的，因为大海和天空是相连的。如果地球环境恶化，其影响会越过国境。即使日本不再排放温室气体，如果世界上其他国家继续排放温室气体，终究也会对日本造成影响。世界上所有的国家都以保护鱼类为前提发展渔业，如果日本大量捕鱼，也会给其他国家带来麻烦。

　　为了保护地球环境，世界上的人们不能只考虑自己居住的国家和地区，需要拥有更广阔的视野。有句名言是"Think globally, Act locally"（在全球范围内思考，从脚下开始行动），意思是说，每个人都要不断思考自己与环境的关系，从脚下（自己周围）着手做些力所能及的事情。

　　想想未来的子孙、遥远的国家和地区，以及今后在地球上生活的自己，让我们试着思考一下环境道德吧。

让我们一起思考一下"在全球范围内思考，从脚下开始行动"

Think globally

在全球范围内思考

Act locally

从脚下开始行动

这句话是指,世界是一个整体,人类世世代代都要生活在地球上,所以我们不仅要考虑当下和自己,也要考虑未来和地球整体,是这个意思吧?

但是,只是思考而不行动的话什么都不会改变,必须要从力所能及的事行动起来。那我要试一下保护环境的道德消费!

"在全球范围内思考,从脚下开始行动",只记住这句话没有任何意义,一定要充分了解这句话的意思,加上自己的思考并行动起来。

？ 想一想

● "在全球范围内思考"是指的思考什么样的事情?

● 思考一下,"从脚下开始行动"中,自己能做到的事情有哪些?

哲学史上的重要人物⑤约翰·罗尔斯

约翰·罗尔斯（1921—2002年），一位在伦理学、政治哲学领域留下功绩的美国哲学家。1971年出版的代表作《正义论》提出了"作为公平的正义"，这与当时政治世界主流的功利主义（第42页）完全不同。

功利主义认为，即使牺牲少数人的利益，只要整体的幸福能实现最大化，就是正确的。但是，罗尔斯认为，只为了整体幸福的最大化就牺牲一部分人，提倡这种说法的功利主义是有问题的。罗尔斯思考怎样才能实现平等的社会，并通过"模糊面纱"（第44页）的方法，试图推导出当你在不知道自己是谁的情况下，所希望的这个世界是什么样子。

后来迈克尔·桑德尔（第96页）对这一观点进行了批判。这两人的书对小学生来说可能有些难，但如果有兴趣的话，试着挑战一下，读一读两人的书怎么样？

约翰·罗尔斯

第 6 章

试着思考一下

自己的

金钱观

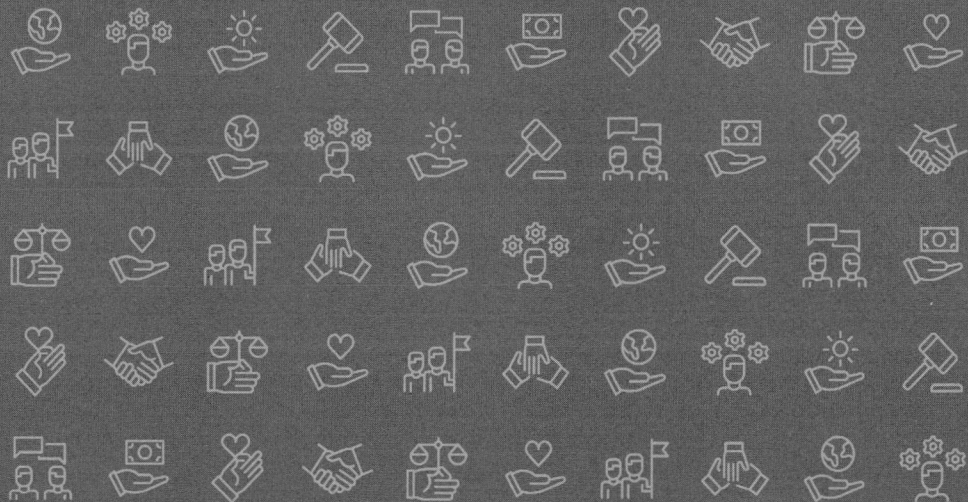

经济道德是什么？

与金钱有关的伦理就是经济道德

简单地说，花钱和赚钱都属于经济活动。就像体育有其规则一样，经济活动也有需要遵守的法律和伦理。你想要更多的钱，公司也会想尽办法地赚钱。但我们也不能为了钱而去做违反法律、违背伦理的坏事。

赚钱绝对不是坏事。公司如果不赚钱，无法给员工发工资，就会倒闭。但公司为了赚钱就可以破坏环境吗？明明没有使用国产牛肉，却谎称使用国产牛肉，这是正确的吗？在日本，拼命工作的人却摆脱不了贫穷的生活，这也无所谓吗？

关于金钱的"善与恶""正确与错误"这样的标准和规定就是经济道德。人们对于忽视经济道德，只以赚钱为目的的公司的看法越来越大。近年来，社会也强烈要求企业要具备社会责任 (CSR)(参照右页)。

CSR（企业的社会责任）中重要的 3 条内容

CSR

Corporate Social Responsibility

企业的社会责任

遵守法律是理所当然的吧？

也有很多不遵守法律的公司哦！

① 遵守规则

公司必须严格遵守法律、国家命令、公司内部制定的规章制度和工作手册以及法律以外的社会性规则。

② 信息公示和责任说明

即使是不利于公司的信息，公司也有责任向员工、消费者、合作商等相关人员如实报告公司的活动和结果。

③ 社会贡献活动

不仅仅是赚钱，还要有对社会和地区居民等做出贡献的活动。例如，保护环境活动、志愿者活动、捐赠、儿童教育活动等。

对违反法律和公司规定等不正当行为的揭发，很多都是由不能容忍不正当行为的公司员工"内部告发"的哦。

? 想一想

- 你怎么看待那些为了钱而偷奸耍滑的公司？
- 试着问一下家人所在公司的 CSR（企业的社会责任）！

同样的工作，工资却不同？

做同样的工作，工资却不同，这不奇怪吗？

有个词叫"同工同酬"，意思是在同一家公司，做同样的工作，就能得到同样数额的工资。你可能会觉得"难道不应该是这样吗"，但在日本这并不是理所当然的。直到2020年4月，日本才出台了新的法律，禁止在没有任何理由的情况下，仅因为员工为非正式员工就降低其工资待遇。

公司里有一直工作到退休的正式员工，也有只工作一段时间的非正式员工。在日本，公司中正式员工和非正式员工即使工作一样，他们的工资待遇也是完全不同的。你可能会想"那我成为正式员工不就行了"，但日本很少招聘正式员工，有些人因为要照顾家庭，只能以非正式员工的身份工作。

如果你是非正式员工，工资比正式员工的少很多，你会怎么想？反过来，如果你是正式员工，又会怎么想？同工不同酬，从道德角度来看，公司的这种做法正确吗？

正式员工和非正式员工的工资待遇不同？！

• 日本不同雇佣形式的平均工资（2019 年）

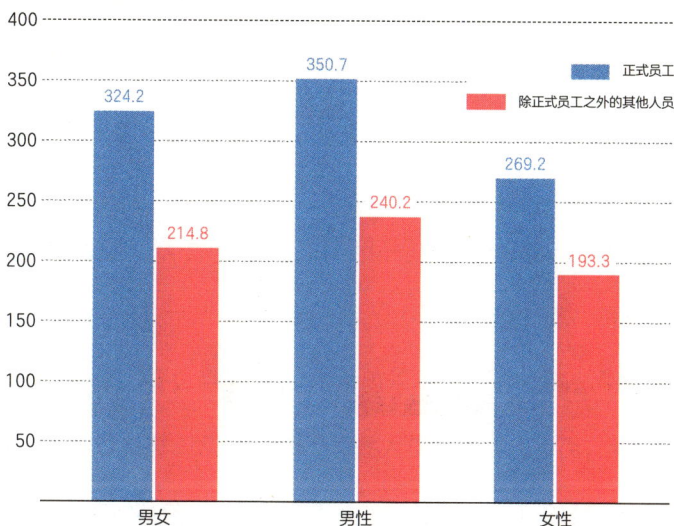

出处：厚生劳动省《2020 年工资构造基本统计调查》

非正式员工只能拿到正式员工工资的三分之二！为什么会这样呢？

我还注意到了男女员工的工资差别，如果是干一样的工作，我认为男女的工资应该是一样的！

？ 想一想

● 问一下家人所在的公司实现同工同酬了吗？
● 试着思考一下，为什么男女员工会有工资的差距呢？

贫富差距不断扩大，这没有问题吗？

贫穷的人越来越贫穷！

世界上有着各种各样的差距问题，其中最具代表性的就是有钱人和穷人的贫富差距。

根据国际非政府组织乐施会 2022 年 1 月发布的报告显示，与 2020 年 3 月相比，全球 10 大富豪的资产增长了 2 倍以上。另一方面，世界上最底层的一些人没有工作，收入减少。与疫情前相比，日均收入在 5.5 美元以下的贫困人数增加了 1 亿 6000 万，受贫困影响，每天约有 2 万人死亡。疫情对贫困人群的负面影响非常大。

贫穷的人都是因为不工作才穷的吗？有些人想要工作，但身体有残疾无法工作，有些人被卷入战争无法工作，还有各种各样的原因导致了贫穷。

大家在日常生活中大概也能感觉到贫富差距，但从世界整体来看，有很多差距是我们无法想象的。贫富差距真的是不可避免的吗？

新冠疫情导致贫富差距越来越大

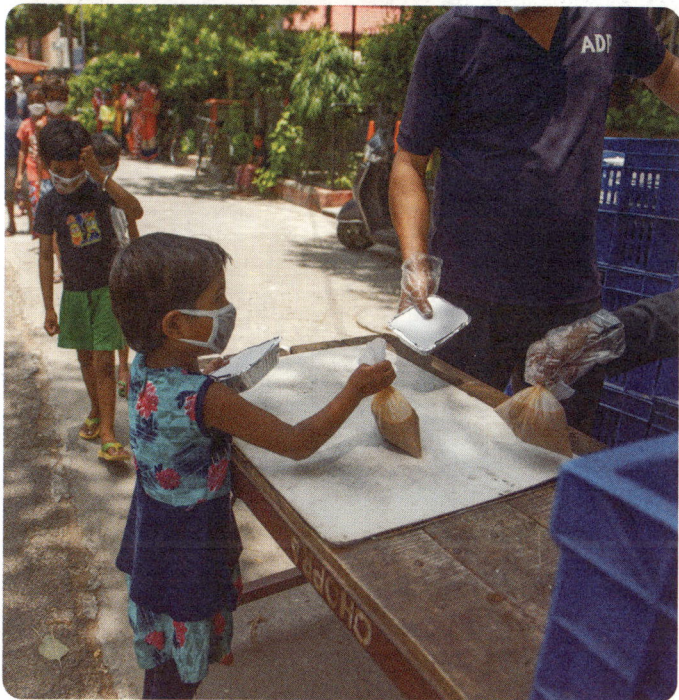

印度贫穷家庭的孩子排起长队，接受志愿者们分发的食物和水。新冠疫情让有钱人更加有钱，贫穷的人更加贫穷。这种贫富差距正在成为世界范围的大问题。

? 想一想

- 疫情下，为什么穷人在不断增加，为什么有钱人会变得更加有钱呢？
- 贫穷的人是因为不工作才导致贫穷的吗？

4

没有道德观地去赚钱是不会长久的?!

不诚实是无法赚到钱的

明明使用的是便宜食材，但商店为了赚钱谎称使用的是高级食材。不知情的人会觉得"那家店用的高级食材，但价格很便宜"，那么这家店可能暂时会受到欢迎。但是，为了赚钱不惜撒谎骗顾客，这是正确的吗？现实中，日本著名企业在材料上撒谎，而后被揭穿的事情层出不穷。

曾有家著名的日式高级酒店将食材上已过期的标签撕掉，重新贴标签出售，伪造食材的产地，回收顾客吃剩的东西再卖给其他的客人，这些都是丧失道德的行为。后来，无法容忍此行为的员工进行了内部告发，这家酒店便失去了顾客的信任，很快就倒闭了。

日本大公司、著名酒店撒谎事件

发生时间	公司名称	事件简介	后续情况
2001	雪印食品	滥用疯牛病的补助金制度，伪造牛肉的产地，违法套取国家补助金	倒闭
2007	船厂吉兆	出售过期的点心、熟食，伪造鸡的产地，二次出售客人剩下的食物等，多种不正当行为被揭露	倒闭
2007	石屋制果	制造北海道著名点心"白色恋人"的公司伪造保质期	百货店、特产店撤掉了该公司的所有产品。更换公司总经理
2015	东芝	存在长期虚报利润等不正当做账行为	失去信任，陷入经营不善，退市
2016	三菱汽车工业	4款轻型车的燃效造假被发现	失去信任，陷入经营不善
2018	日本邮政保险	存在让客户重复付款等不正当销售的行为	金融厅命令其停止业务

一些大公司居然也会做这种不法行为，太令人吃惊了！我不想再从这些公司买东西了。

做出这种不法行为的公司倒闭可真是自作自受。我可不想违背道德去赚钱啊！

？ 想一想

● 思考一下，是应该为了钱才诚实呢，还是因为应该诚实才诚实呢？

5

"过劳死"频发的世界，这没问题吗？

有人过度劳动引发过劳死

很不幸，有不少人在公司工作，却最终过劳而死。

公司要求员工去工作，员工不能仅仅因为不想干就拒绝，否则就没有工资，也就无法维持生活。公司想要赚钱并没有错，否则就无法支付员工工资，无法维持公司正常运转，但只考虑公司的利益，完全不考虑员工的身心健康，就会导致员工身心俱疲，甚至身体状况恶化或自杀。

1990年之前的日本盛行一种价值观——人应该废寝忘食地工作，容易生病无法胜任工作的人被认为是"软弱的人"。经历过那个时代的一些人，至今都还坚持着此种价值观。孩子都需要休息来缓解疲劳，成人如果只工作不休息的话将会精疲力尽。学生如果身心状况不是很好的话，就不要勉强自己去学校。成人也应该是这样。但过劳死还是经常发生，这就是现实。

因工作问题而自杀的人数变化情况

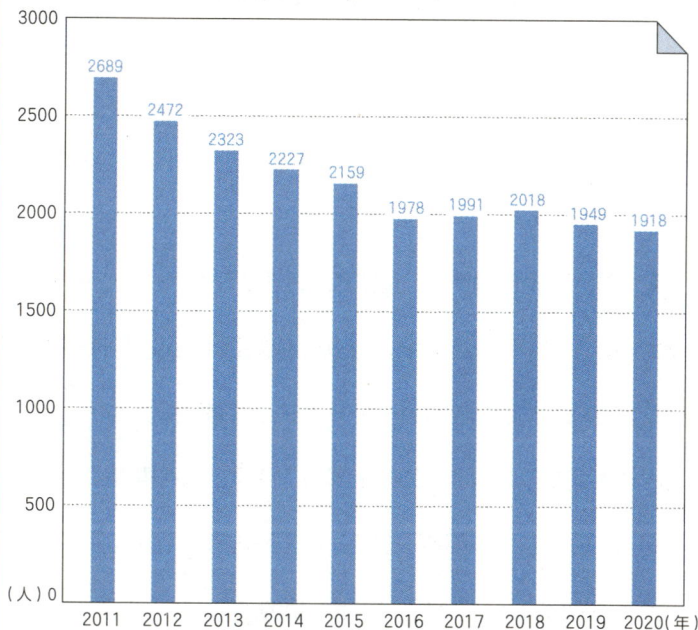

出处：厚生劳动省《2021年过劳死等防治对策白皮书》

人明明是为了生活而工作，有的人却因为工作而选择死亡。

我觉得我们应该建立一个没有人会因为工作而自杀的社会！

？ 想 一 想

● 问一下家人所在工作单位为员工们的幸福考虑了吗？

● 金钱和健康，哪个更重要？

试一试"道德消费"

儿童也可以进行道德消费

有个词叫"道德消费"，指在地球环境、人类社会、地域等方面，基于大多数人认为正确的想法，来购买或者使用物品。长期的气候变化、贫困问题、人权问题等让人们开始关注道德消费。人们开始反省自己，认为这都是之前非道德性的消费的结果，觉得再继续这样下去是不行的。我们每个人都要买东西，都是消费者，即使是孩子，如果想进行道德消费的话，也是可以马上实现的。

日本每年都会扔掉大量的食物，应该没有人会认为买过多的食物，吃不完就扔掉的这个做法是正确的吧。

但是，像再生纸等可再利用产品虽然能够减少对环境产生的不利影响，但它们的价格偏高，而且买起来也比较麻烦。道德消费让社会朝着更好的方向发展，但这个过程中可能需要我们每个人都付出努力。思考一下，我们应该坚持道德消费吗？

孩子也可以做到道德消费

① 考虑社会问题的消费

例如：购买公平贸易下的商品
　　　按需购买，不过量购买

② 考虑他人的消费

例如：购买残疾人做的商品
　　　为了支援复兴，购买受灾地的商品

③ 保护环境的消费

例如：购买可再利用商品
　　　购物时自带环保袋

④ 支持当地发展的消费

例如：购买当地农民的农作物
　　　在当地的商店购买

孩子也可以做到的道德消费，感觉确实是能做到呢。

我让家人也一起来道德消费！

？ 想一想

- 你有没有买的东西闲置、扔掉或者是浪费粮食的行为？
- 查一下哪些道德消费是自己也能做到的。

哲学史上的重要人物⑥阿马蒂亚·森

出生于印度的阿马蒂亚·森（1933—）在 1998 年时被授予诺贝尔经济学奖，他是亚洲第一位获得此奖的人。阿马蒂亚·森虽是经济学者，但他在社会、政治问题中引入了"经济道德"的观点，作为伦理学者也享誉世界。

森的观点中非常重要的一点就是"潜在能力"。他认为单纯没有钱并不叫贫困，因某种原因被剥夺本该有的能力才是贫困。例如，在日本每个公民都有接受义务教育的权利，但是，坐在轮椅上的孩子别说接受教育了，他们就连去学校都很困难，生病的孩子是无法和健康的孩子一样去学习的。森认为尽管接受教育的机会是一样的，但是使用权利所需的要素（森将其称为"能力"）存在差别的话，差距也就随之而产生。

贫困正在成为一个大问题。在《贫困与饥荒》等著作中，我们可以了解到旨在克服贫困的森的相关观点。

阿马蒂亚·森

第 7 章

关于我们的生活、

将来要从事的工作的

道德思辨

职业道德是什么？

职业道德扭曲的人是不值得信任的

当你成年后参加工作，无论任何职业、行业，职业道德是必须具备的。简单来说，在理解什么可以做、什么不可以做的基础上，不去做那些不能做的事情。

但是，类似于护士加害患者、老师过度体罚学生被逮捕、食品公司出售过期产品等丧失职业道德的事情层出不穷。

举个例子，我们在便利店买东西的时候，不会一项项地去确认其含量和使用的原材料是否和包装上标记的一样，而且我们也没有办法去确认，只能相信标记的信息是真实的。如果公司伪造相关标记，毫无愧疚地去做一些不该做的事情，那么这是一个多么悲哀的世界啊，人们都不知道该相信什么。

如果员工做出一些无职业道德的行为，不仅会失去信任，甚至会失去工作，公司失去大众信任的话有可能会直接倒闭。

那么，成年人工作需要具备怎样的职业道德呢？

职场中需要具备的职业道德

职业道德

某特定职业所必须具备的道德，或是职场中需要具备的道德

例如

医生	国家公务员	律师
医生道德 （第 88 页）	国家公务员道德 （第 90 页）	律师道德 （第 92 页）

将来我想成为一名漫画家，漫画家也需要具备职业道德吗？

只要是通过工作赚钱的人，无论是何种职业，都需要具备职业道德。漫画家、视频博主、足球选手等，任何职业都有其所必须具备的职业道德。

想一想

● 问一下家人，他们的工作单位有着怎样的职业道德？
● 试着调查一下你将来想做的工作的职业道德。

没有道德观，就没有资格成为医生？！

关系到生死大事，更需要具备职业道德

如果医生为了赚钱给患者开一些无用的药，做一些不必要的手术，谁还能安心去看病呢？在学校，成绩不优秀的人是无法成为医生的，但那些成绩很优秀、道德观却扭曲的人成为医生的话更麻烦。任何职业都需要具备职业道德，而医生这一与人的生死息息相关的职业，更加需要职业道德。

近年来，医疗现场面临越来越多的难以抉择的难题，比如"在患者家人不希望告诉癌症患者本人实情的情况下，医生是否应该告知患者本人？""在患者无亲属且医生无法确定患者本人的真实意思的情况下，该怎么样确定治疗方案？""如果患者拒绝治疗，医生是否应该坚持治疗？"等。

一般人会认为医生只是一个守护人生命和健康的职业，但其实医生更是一个很难判断何为正确，不得不经常面对伦理性问题的职业。

一起来看一下"医学伦理纲要"

医学和医疗不仅是为了治疗生病的人，也是为了维护、提升人们的身体健康。医生需充分认识到自身责任的重要性，基于对整个人类的爱而为所有人服务。

1. 医生一生都要保持学习的精神，努力学习医学知识和技术，致力于医学的进步和发展。

2. 医生要充分认识到这份职业的尊严和责任，修身养性，提高自己的人格品质。

3. 医生要尊重患者的人格，保持善良之心，向患者详细解释说明治疗内容，努力得到患者的信任。

4. 医生之间要相互尊重，和医护人员协同合作，致力于治疗。

5. 医生要重视医疗的公共性，通过医疗促进社会的发展，遵守法律规范和法律秩序。

6. 医生从事医疗行业应不以营利为目的。

医生、媒体等行业协会对于在相关行业工作的人提出的作为专家应该遵守的伦理性的价值观、行动方针等，就是"伦理纲要"。

出处：日本医师会主页

？想一想

● 什么样的医生才是具有优秀伦理道德的医生？
● 你想让不遵守"医学伦理纲要"的医生来给你做检查或者手术吗？

国家公务员需要遵守的道德规范是什么？

国家公务员需要国民的信任

在日本，在内阁、厚生劳动省、财务省等政府各部门以及法院、国会等工作的人被称作国家公务员。国家公务员作为全体国民的服务人员需要公平公正地履行自己的职责，禁止做容易引起国民怀疑或者不信任的行为。

为什么国家公务员需要遵守这样的道德规范呢？国家公务员工作中涉及很多公司以及公民个人的申请、许可事项，其中有很多与金钱有关，例如从国家领取补助。进行申请或者请求许可的人中，有人为了事情有个好的结果，向负责相关工作的国家公务员送钱或者豪华的礼物。作为交换，收取金钱或者物品的国家公务员便为相关人员提供便利，类似的事情频繁被揭露，成为一大社会问题。这件事中做错的只有收取金钱的国家公务员吗？企图通过赠送金钱和物品获得好处的送礼人应该也有其应该遵守的道德吧。

国家公务员应该遵守的道德规范概要

国家公务员的道德规范，在界定了许可、认可等相关业务的申请人以及合同方等这些对公务人员来说可能成为"利益相关者"的范围的基础上，明确了公务员与这些利益相关者之间禁止做的事情。

公务员与利益相关者之间被禁止的行为

- 接受他人送的金钱、物品
- 接受他人吃饭、喝酒的招待
- 一起打高尔夫或者一起去旅行
- 指使第三方做上述行为

听说禁止国家公务员做出易引起国民怀疑或者不信任的行为。

其他被禁止的行为

- 接受非利益相关者超过社会一般认可程度的吃饭、喝酒的招待
- 指使不在场的人支付饮食费用
- 监修或者编纂由国家补助金、国家经费制作的书籍或大部分是由国家统一购买的书籍时，收取相关费用
- 明知其他工作人员违反道德规范得到了不法利益，但仍旧接受并享受相关利益

出处：日本人事院网站

？想一想

- 问一下家人他们是否有收受金钱和物品的经历，咨询一下他们是怎么看待这件事的。
- 你能理解送礼方的心情吗？

律师应该具备的"律师道德"

一起了解一下律师道德

　　成为法官、律师需要通过国家考试中很难的司法考试，即使是学习成绩很好的人，也得专心学习好几年。事实上，一个人学习成绩好并不能代表他在道德方面也很优秀。法官或者律师都需要具备较高的道德观，于公于私都要遵守"律师道德"。如果道德观扭曲的人做这类工作，对与错的概念混乱，这个世界将变得令人无法理解。

　　日本律师联合会自2005年开始实行《律师职务基本规章》，这与以往的律师道德有所不同。应时代变化的要求，日本律师联合会重新审视了以往的规章，对部分内容进行了必要的修正。就像第28页中介绍的那样，随着时代的变化，道德观也是会发生变化的。《律师职务基本规章》全篇由13章82条组成，右页中只介绍了第1章的内容。需要具备较高道德观的律师要遵守很多的规定，如果做不到的话就没有当律师的资格。

一起来了解一下《律师职务基本规章》第 1 章的内容

第 1 章　基本道德

第 1 条 律师要认识到自己的使命是维护基本人权和实现社会正义，要努力完成自己的使命。（使命的自觉）

第 2 条 律师要重视职务的自由和独立。（自由和独立）

第 3 条 律师要认识到律师自治性的重要性，并努力维护和发展律师的自治性。（律师自治）

第 4 条 律师要拥护司法的独立性，努力致力于司法制度的健全发展。（拥护司法的独立性）

第 5 条 律师要重真相、守信义、诚实公正地履行职务。（信义和诚实）

第 6 条 律师要重视名誉、维护信用、保持廉洁，致力于提高自己的品格。（名誉和信用）

第 7 条 律师要提升修养，努力钻研，力图精通法令和法律事务。（钻研）

第 8 条 律师要参加符合其使命的公益活动，致力于实践。（公益活动的实践）

> 《律师职务基本规章》中明确了律师应该遵守的规定，共有 13 章 82 条，有兴趣的同学可以在网上搜一下。

> 哇，网上能找到吗？虽然我有兴趣，但是感觉内容好难啊。

出处：日本律师联合会

？ 想一想

● 试着在网上查一下，除了文中所说，律师还应该遵守哪些基本道德原则。

你怎么看待社交网络上的"兼职恐怖行为"？

是职业道德问题，也是网络道德问题

在饭店或便利店打工的人，通过智能手机将打工时的恶作剧拍摄下来并上传到社交网络，这种"兼职恐怖行为"时常发生。

例如，在汉堡店打工的人躺在大量的小圆面包（做汉堡包时使用的面包）上恶搞，在便利店打工的人舔正在出售的矿泉水瓶口，类似这种的视频被上传到社交网络上。

上传视频的人，他们自己也不愿意吃被人躺过的面包吧，也不想买被人用嘴舔过瓶口的矿泉水吧。

就连小学生、中学生都知道上述行为是不正确的，打工者却做出这种令人不快的行为，你怎么看待这件事？如果你的朋友对别人恶作剧，你会怎么办？你会不会有下面的这种担心，"不一起做的话可能会被朋友排挤""只有我不做，别人会认为我是胆小鬼"？在此基础上，让我们来思考一下"兼职恐怖行为"吧。

目前为止最多见的"兼职恐怖行为"

"兼职恐怖行为"每年都会发生！

2016 年：北海道酒店里，高中生兼职人员裸身躺在洗餐具的水槽里，并将照片上传到社交网络。过后，酒店总经理道歉，并更换了水槽。

2018 年：在静冈县一家大型汽车用品连锁店工作的两名男性上到商品车轮上点火，并将视频上传到社交网络。过后，两人因建造物等纵火未遂罪被逮捕。

2019 年：大阪府一家大型回转寿司连锁店中，来打工的职业学校学生烹饪已经扔进垃圾桶的鱼，并将视频上传到社交网络。过后公司发表声明称开除两人，采取法律措施。

2021 年：大分县的一家烧烤店，4 名兼职大学生员工直接用嘴接用机器出口里的冰激凌，并将视频上传到社交网络。过后该公司将 4 人开除。

> 年纪比我们大，却丝毫没有道德观，居然会有这样的人啊。从网络道德层面来说，向社交网络投稿原本就是不可以的吧。

> 但是，如果大家都说"来吧，一起玩吧"，有时会觉得不加入他们的话显得不太好。

> 将来如果你们去兼职打工的话，请一定要遵守职业道德哦。

？想一想

● 想一想，那些做出恐怖行为的兼职人员为什么要这么做呢？

● 想象一下做出恐怖行为的兼职人员，他们之后的结局是怎样的呢？

哲学史上的重要人物 ⑦ 迈克尔·桑德尔

迈克尔·桑德尔（1953—）出生于美国，是著名哲学家、政治哲学家、伦理学家，现担任哈佛大学的教授。2010年在日本发行的著作《讨论今后的"正义"——为了生存的哲学》卖出100多万本，成为年度畅销书，迈克尔·桑德尔也被日本人所熟知。

在其2021年发行的《实力也是运气，能力主义是正义的吗？》一书中，迈克尔·桑德尔提出，注重努力和成果的"能力主义"导致差距越来越大。关于能力主义，桑德尔认为"我们应该承认出生在一个认可自己才能的社会是幸运的，但这并不是自己的功劳"。

例如，在学校中学习成绩好的孩子容易得到夸赞，但如果时代不同，可能跑得快或者力气大的人更容易得到夸赞。现在只是正好赶上了一个认可学习成绩好的社会而已。可能有人不能理解，觉得"这是什么意思"。有这种疑问的人，请试着读一下桑德尔的著作吧。

迈克尔·桑德尔

第 8 章

思考一下

你身边的事

胜利就是"正义"，失败就是"邪恶"吗？

无论使用什么手段，只要赢就行？

有句谚语叫作"胜者为王，败者为寇"，意思就是在斗争中胜利的一方就是"正义"，而失败的一方就是"邪恶"。

那么，在学校里，同学们相互打了起来，也是"胜者为王，败者为寇"吗？这种情况也是弱势的、被欺凌的一方的错吗？

生活中，难免会有与他人起冲突的时候，为了不让自己成为失败的"错"的一方，人们会想尽一切办法战胜对方，不管用什么手段，只要赢就行，这是正确的吗？

此外，在日本有"争吵两败俱伤"一说，意思是发生争吵、争执时，不会认同任何一方的说辞，而是认为"双方都有错"，对双方进行处罚。

被称为"经营之神"的松下电器创始人松下幸之助曾说："生意人绝不能有'胜者为王'的想法。"他认为，做生意，利益这一"结果"非常重要，但如果只一味地追求利益，人们就会想做一些偷奸耍滑的事情，那么最终将会失败。

被称为"经营之神"的松下幸之助

松下幸之助（照片右侧）于 1918 年在大阪创立了松下电器，并将其发展为日本代表性的大企业。松下作为经营者，重视"遵守约定""体谅对方""彬彬有礼"等基于伦理和道德的行为，认为只有提高人性才能带来利益。

> 我也觉得"胜者为王"这一观点是不太对的。

> 也有一句话叫作"虽败犹胜"。

? 想一想

● 战争中，只有战败的国家有错吗？

● 如果跟朋友发生了争吵，能断言说只有胜利的一方才是"正确"的吗？

"结果平等"和"机会平等"的区别是什么?

什么是"平等",这是非常难回答的问题?!

就像第 26 页所提到的那样:"何为平等?"这是一个非常难回答的问题。"平等"包含了各种各样的内容。

"机会平等"是指不存在因不正当原因造成差距的情况。例如,想上大学的所有人都能接受入学考试,合格者就可以去大学,这就是"机会平等"。但现实情况是,日本大学的学费普遍很高,很多贫困家庭的孩子有考入大学的实力,却因支付不起学费而不得不放弃上大学。因出生的家庭不同,有人可以去上大学,而有人无法去上大学,这种机会不平等是真实存在的。

另一方面,"结果平等"是指不管原因如何,结果都不存在差距的情况。日本男女人口比例大概是各占一半,但是,日本国会女性议员占比仅有 9.68%(截止到 2022 年 1 月 1 日),这导致国会中很难如实反映女性的意见。这种情况就叫作结果的不平等。

如上所述,即使同样是平等,"机会平等"和"结果平等"也是不同的。

"机会平等"和"结果平等",哪种更合理呢?

机会平等

结果平等

和家人一起思考一下,"机会平等"和"结果平等"分别指什么?"机会平等"和"结果平等",哪种平等更合理呢?

人权

国会议员男女比例

特别补助金

继续攻读大学

工资

? 想一想

- 试着找一下"结果平等"更为合理的案例。
- 试着找一下身边有没有"机会不平等"的案例。

是否应该优待女性以消除性别差距?

一起了解一下"积极行动"!

日本还远未实现男女平等。日本女性人口约占人口总数的一半,但日本众议院女性议员占比只有9.68%。此外,根据OECD(经济合作与发展组织)每年公布的各国企业女性职工占比调查数据显示,日本企业中女性职工占比仅有10.7%(2020年数据)。这与2003年日本政府推出的"到2020年女性领导者占比达到30%"的目标相去甚远。

为了消除性别差距而优待女性的措施叫作"积极行动"(积极修正差距措施),即通过规定女性职员必须达到一定比例、制定具体性的数值目标、在能力相同的情况下女性优先等措施来实现男女间的平等。

此外,有人觉得"因为是女性就优待这一点不合理"。例如,在考试中得到同样的分数,如果优待女性让其通过的话,大概很多男性会觉得不公平。

你怎么看待"积极行动"呢?

日本与世界其他国家相比，在男女平等方面相去甚远

• 世界主要国家国会议员中女性占比（2022年1月1日）

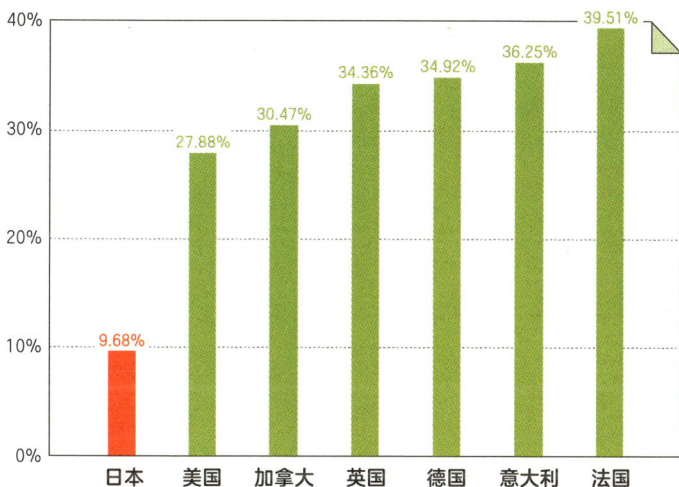

图中数据：
日本 9.68%
美国 27.88%
加拿大 30.47%
英国 34.36%
德国 34.92%
意大利 36.25%
法国 39.51%

日本国会女性议员也太少了吧，正因为这样才应该采取一些优待措施啊！

怎么优待呢？对女性采取优待措施，这不就成了歧视男性了吗？

顺便说一下，联合国认为促进男女平等的积极行动并不是对男性的歧视。

? 想一想

● 你赞成还是反对优待女性？
● 你怎么看待日本性别差距仍未得以消除的这一现状？
● 你认为怎么做才能实现男女平等呢？

101

思考一下什么是"颜值主义"

人们总是仅凭借外貌就做出判断

"可爱""帅气""帅哥""丑陋""丑女""矮子"等，你使用过上面这些描述人外貌的词语吗？你曾仅凭借外貌就对人做出判断吗？学校里是否存在这样的情况：外表越有魅力的人越能受到优待，而外貌不好的人则被欺凌？

"颜值主义"是指仅凭借外貌就对人做出判断。你认为什么样的人可爱或是帅气，这是你的自由，但是外貌有魅力的人和外貌稍差一些的人的待遇完全不同，这是好事吗？

有研究显示，个子高的人要比个子矮的人收入高，找工作时也更容易被公司录用。第102页中提及了"积极行动"，有人认为在身高方面也应该采取"积极行动"。虽然知道以貌取人是不好的，但总是无意识地受到偏见的影响。通过外貌来判断一个人是不可避免的吗？和人种、性别一样，外貌也会导致差距。

日本人太注重外貌了？

• **你认可自己的容貌吗？**

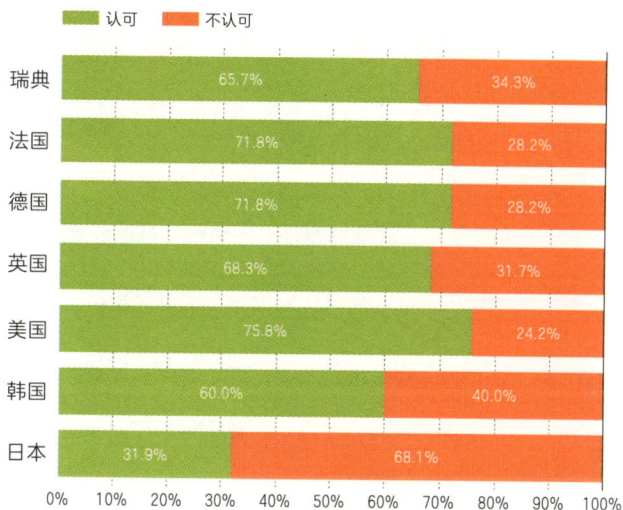

图例：认可　不认可

国家	认可	不认可
瑞典	65.7%	34.3%
法国	71.8%	28.2%
德国	71.8%	28.2%
英国	68.3%	31.7%
美国	75.8%	24.2%
韩国	60.0%	40.0%
日本	31.9%	68.1%

0%　10%　20%　30%　40%　50%　60%　70%　80%　90%　100%

出处：日本内阁府《关于我国和各国青年意识的调查（2018年度）》

我可能也有点太在意自己的外貌了。在学校中与外貌相关的欺凌事件也时有发生，我觉着这是非常不好的！

与其他国家相比，不认可自己容貌的日本人明显要多，这或许就是因为太过在意自己的容貌了。

？ 想一想

● 你曾因为外貌得到什么好处，或者遭受到什么损失吗？对此你怎么看待？

● 用"模糊面纱"方法来思考一下外貌主义。

103

只关注"何为正确"就可以吗？

为对方着想的"关怀"十分重要

义务论和功利主义一味追求"何为正确"，这样真的好吗？

面对正在受苦的人，义务论认为帮助他人是正确的，功利主义认为帮助别人，自己的幸福总量会变多，是正确的。但是，当你面前有受苦的人时，比起思考"何为正确"，难道不更应该考虑"如果我不帮助他，这个人将会怎样"吗？

近年来，面对他人的苦难时，站在对方的立场上思考"他现在是什么样的心情，最需要的是什么"的"关怀伦理"开始受到关注。

我们是无法独自一人生活在这世界上的。婴幼儿时期，需要家人照顾，长大生病了也需要别人照顾，年纪大了同样需要别人的看护，既然人活着就无法避免与他人的交往，那就需要我们不只从自身角度出发，也要充分考虑对方的想法。

关怀伦理受到关注或许正是因为如今社会上的关怀正在逐渐变少吧。

强调体谅的关怀伦理

正义伦理

简单来说，就是义务论（第 40 页）和功利主义（第 42 页）等要求所有人都按照"正确""善"的标准行动。

关怀确实是很重要的。

对立？
共存？

我觉这两者都很重要呢。

关怀伦理

简单来说，比起义务论和功利主义所重视的正义，关怀伦理更重视对身边人的关心和体贴。

"人人平等"是不现实的，关怀伦理认为家人和朋友比不认识的人更加重要，但这并不是"不正义"和"恶"。正义伦理则认为"人人平等"才是"正义"。

关怀伦理是 20 世纪后半期美国的伦理学家卡罗尔·吉利根提出的新伦理。她同时指出，除了关怀伦理之外，正义伦理也很重要。

? 想一想

- 你能将完全不认识的人当作家人、好朋友一样平等地对待吗？
- "平等"和"关怀"两者能共存吗？

即使学习和运动成绩很好，但道德观扭曲也是不可以的！

道德比学习和运动成绩更重要

学习和运动固然重要，但不应该仅凭成绩就对一个人做出评判。对于想要成为歌手的人来说，数学计算好像并没有那么重要；对于要成为物理学家的人来说，也没有必要跑得非常快。每个人都有自己擅长和不擅长的事情。其他方面成绩突出跟学习、运动成绩好是一样的，都很优秀。

在小学，学习和运动成绩都很优秀的人往往更受欢迎。这是因为擅长学习和运动的人，碰巧擅长了那些容易受人追捧的东西。

你会跟一个虽然学习、运动成绩很好，但正义感和道德观扭曲、人品低劣的人做朋友吗？无论他在学习、运动方面有多优秀，但总是做一些欺凌朋友、考试作弊等违反正义感和道德观的事情，任何人应该都不愿意跟他交往吧。擅长学习和运动当然是一件好事，但是具备良好的正义感和道德观，人品高尚也很重要。

日常生活中要做的事

- ☐ 有区分善恶，主动去做善良的事情吗？
- ☐ 有撒谎、蒙混过关的行为吗？
- ☐ 能坦诚地承认错误并改正吗？
- ☐ 是否有一颗体谅他人的心，站在对方的立场上与人为善？
- ☐ 能对任何人都没有偏见，以公平公正的态度对待每一个人吗？
- ☐ 能与朋友相互理解、相互信赖、相互帮助吗？
- ☐ 是否对周围人给予的帮助怀有一颗感恩的心？
- ☐ 能否主动遵守法律、法规？
- ☐ 是否致力于实现正义？
- ☐ 能做到无论对谁都彬彬有礼吗？
- ☐ 能否尊重与自己不同的想法或立场？
- ☐ 是否怀有一颗不断探索的心？
- ☐ 是否珍惜钱财和物品？
- ☐ 是否做到了自己能做的事情就不麻烦别人？
- ☐ 是否珍视生命？
- ☐ 是否重视保护环境？

不太擅长学习，那至少努力提高一下自己的人品吧！

不要这么说，学习也要加油呀！

出处：编辑部根据日本文部科学省《小学学习指南说明（2017 年公告）特别科目 道德篇》制作而成

? 想一想

● 问问家人，看看他们觉得学习成绩和道德哪一个更重要。

试着去倾听那些唠唠叨叨的大人的话！

唠叨有时也是很重要的！

大人们经常会对孩子们唠叨不停，孩子们会觉得"好烦啊"，想把耳朵都堵起来，有时候甚至会很生气。唠唠叨叨的大人们，他们小时候也曾被唠叨过。

即使你不了解法律，但只要你做了违法的事情，就会被警察逮捕，或者关进监狱。学校并不会详细地教我们有什么样的法律、做什么事情会违法。但法律是有明文规定的，只要你愿意去查，就能清清楚楚。

人应该遵守的伦理道德并没有像法律那样被明文规定，也正因为如此，我希望父母和周围的大人能教给孩子作为人应该遵守的伦理道德，并理解他们。如果大人对你唠叨不停，那可能正是因为你当前还不了解那些人生中应该遵守的伦理道德。

虽然大人很唠叨，但哪怕一次也好，请试着去倾听一下，因为或许他们所唠叨的对你来说正是非常重要的。

大人对你唠叨不停是有理由的

大人有时会唠唠叨叨，但是他们这么做
应该是有他们的理由的！
他们大多数时候是在说一些和伦理道德
相关的事，请试着去倾听一下！

? 想一想

● 试着回想一下身边的大人对你唠叨不停的话，他们说的
是不是作为人应该遵守的规定？

当你感觉有点奇怪时，停下来去思考

"有点奇怪"这种想法的出现可能是重要的信号！

在日常生活中，有时我们会有这样的感觉，虽然无法用语言准确地表达出来，但就是觉得"有点奇怪"。如果心中有这样的别扭，不要放任不管，任何感觉的出现都是有原因的，应该停下来思考："为什么会有这样感觉？"

比如，学校里关系很好的朋友被欺负了，如果去帮助那个朋友，可能自己也会成为被欺负的目标——因为有着这种担忧而没能去帮助他的话，你心里一定会感到别扭。明知道阻止欺凌是正确的行为，但被恐惧感占据上风，所以选择了视而不见。

你想装作没看见，想去拖延，这可能就是重要的信号，因为你内心中认为自己不应该视而不见，应该马上采取行动。这种时候，试着思考一下"什么是正确的"，感到困惑时可以和周围的人商量一下。坚持这样做下去，一定会对你的人生有所帮助。

如果心中有觉得别扭的事情，那就认真思考一下！

如果觉得某件事有点奇怪，那或许现在
就是认真思考这件事的时候。
可能会觉得很麻烦、很痛苦，但还是要
努力思考试一试！

? 想一想

- 现在你心里有没有觉得别扭的事情？
- 自己想不清楚，仍旧很困惑时，应该怎么办呢？

9

虽然不能简单地得到答案，
但还是请继续思考！

即使得不到答案也要继续思考，这一点非常重要

至此，我们对伦理道德进行了各种各样的思考，由此可知，伦理道德的问题并不像"1+1=2"那样，不能简单地得出答案。

没有人会认为 1+1=2 很奇怪。数学家们不会去争论是"1+1=2"还是"1+1=3"，因为答案很清楚。

但是，花费更多时间去思考伦理道德问题的伦理学家，他们会因为想法不同而发生争论，因为伦理道德并不像"1+1=2"一样，而是一个很难得出确定答案的难题。

即便这样，应该也没有人认为伦理道德是无用的吧。所有人的行为都基于正义和同情心，这样的社会应该会更好吧。如果认真思考一下什么是"正义"和"同情心"，就会发现这个问题很复杂。但因为这个问题很难解答，就可以自己不思考，完全交给别人吗？为了让这个世界变得更好，我们需要不断地思考。

即使得不到答案也要继续思考

想一想

- 思考了却不能马上得出答案，这样就该放弃吗？
- 你认为道德是必要的吗？